AF259594

LES

ALLIANCES

PAR

CHARLES-MAURICE DE TALLEYRAND-PÉRIGORD

PARIS

E. DENTU, LIBRAIRE-ÉDITEUR

PALAIS-ROYAL, 15-17-19, GALERIE D'ORLÉANS

—

1877

Tous droits réservés.

LES

ALLIANCES

M. Depretis, président du conseil du gouvernement italien, répondant à l'interpellation faite au sujet du changement de cabinet en France, disait :

« Les gouvernements passent, mais les peuples restent ! »

On ne peut, sous une phrase plus adroitement proverbiale, dire mieux son fait au ministère « de Broglie ».

En contradiction flagrante avec l'opinion publique, ce cabinet est arrivé par surprise ; il disparaîtra sans en causer aucune.

Le premier moment d'effervescence passé, l'acte du 16 mai peut être envisagé avec plus de sang-froid, de calme et de mesure. Mais il n'en reste pas moins un acte de la plus haute gravité !

Reproduire certains articles de la presse étrangère, qui s'est élevée avec une violence de langage peu commune, même en France, est inutile ; l'auteur aurait l'air de vouloir reprendre un débat déjà clos, et telle n'est pas son intention.

Toutefois, cette violence de la presse étrangère doit être méditée et sera d'une leçon sévère pour ceux-là même qui l'ont provoquée. Ils y puiseront la conviction qu'ils sont en dehors des sympathies européennes, et cette conviction aura peut-être le don de les éloigner à jamais du théâtre de la politique.

Un seul pays s'est distingué, au milieu de l'indignation générale, en ce qu'il s'y est trouvé une fraction, bien faible il est vrai, mais encore trop nombreuse, pour faire entendre le fausset d'une hilarité joyeuse dans le concert de lamentations publiques; ce pays, c'est la France!

Cette fraction, s'arroge le nom de « classes dirigeantes » !

Il est bien rare que depuis 89 ces classes aient évité de commettre une sottise; et cette fois, comme les autres, elles n'y ont pas manqué.

Avant même de réfléchir, si l'acte du Maréchal recevrait l'assentiment de la France, elles ont fait entendre leurs trépignements de joie; on attaquait la République, c'était assez !

La République Française tirera honneur et profit de cette crise. Honneur, en reconnaissant l'estime que son gouvernement s'était acquis à l'intérieur comme à l'extérieur. Profit, en voyant pour la dernière fois, sans doute, l'hydre des partis réactionnaires, montrer ses têtes aussi nombreuses que ridicules.

Cette estime lui prépare une tâche sérieuse. Conscient de sa force, le parti républicain doit marcher en avant avec vigueur; mais aussi avec une prudence excessive.

Les idées dites « radicales » effraient bien des gens. Parmi ces idées, les unes ne seront pas bien comprises avant cinquante ans peut-être ; d'autres, avant de percer, mettront plus de temps encore; il en est, enfin, qui ne peuvent être acceptées.

Ces dernières, le parti républicain doit les combattre franchement, ouvertement. Les premières méritent une étude approfondie, et ne doivent être adoptées qu'après bien mûre réflexion.

Les coups d'audace politiques ne sont pas rares en France : si nous avons les 18 brumaire, les 2 décembre, nous avons aussi la « journée des dupes » ; on peut ranger le coup d'Etat du 16 mai dans cette dernière catégorie; moyens et conceptions sont de la plus flagrante nullité.

N'étaient les conséquences immédiates, et qui se sont traduites par une acalmie fâcheuse dans les affaires, nul doute que le vieil esprit gaulois ne se fût réveillé et n'eût accueilli cette politique bizarre avec sa raillerie proverbiale.

Le Maréchal de Mac-Mahon n'était pas un homme politique. Ceux qui l'ont placé à la tête de la République française le savaient bien, et ils espéraient exploiter son ignorance en pareille matière en se servant de ses autres qualités.

Son autorité militaire, jointe à une aversion trop peu méconnue envers les républicains, pouvait faire croire qu'il était l'homme le plus propre à seconder des vues de restauration, quelles qu'elles fussent.

Un vote parlementaire renversa ces combinaisons habiles; le Maréchal resta.

Pour le parti réactionnaire, c'était déjà beaucoup; toute espérance n'était pas perdue.

Cependant, les choses suivaient leur cours d'une façon si régulière, le parti républicain gagnait tant de terrain, que chaque jour éloignait et irritait d'autant ces espérances si remplies de convoitises; encore un peu et il n'y faudrait plus songer!

C'est alors qu'impatients (l'impatience est mauvaise conseillère) et n'y tenant plus, on songea à la fameuse planche de salut constitutionnelle? A tout prix il fallait l'atteindre et s'y accrocher! La planche, trop faible pour supporter de si lourdes ambitions, vient de faire un plongeon dans le plus profond du ridicule, entraînant avec elle les conseillers du Maréchal.

Cette *furia* de pouvoir, de la part des réactionnaires, n'a rien qui doive étonner. Ne pas avoir les places est très désagréable? Ne plus posséder ces influences auxquelles on était si bien habitué, rend maussade et nerveux, ils ont donné l'assaut pour les reconquérir, c'était dans leur métier.

Mais ils ont été terriblement maladroits et bien coupables.

Maladroits pour leur cause, coupables envers le Maréchal : en ce qu'ils lui ont fait commettre une action qui livre à la polémique des partis un nom aimé de tous.

Loyalement, la France républicaine déposait entre les mains d'un soldat qu'elle savait honnête, une consigne, elle avait le droit d'attendre qu'avec la même loyauté ce soldat, ce maréchal de France la paierait de retour.

La France et l'étranger ont déjà rendu un jugement sévère sur l'acte du 16 mai.

Si ce coup d'État insolite et absolument inopportun, a soulevé une émotion intérieure et extérieure aussi profonde, c'est que le moment choisi pour l'accomplir était d'une gravité qui n'échappait à personne.

L'Europe retenait son souffle, de peur de soulever, davantage encore, une politique déjà bien agitée par les événements d'Orient. Chaque nation, qui se trouvait en dehors du conflit immédiat, faisait tous ses efforts pour éviter d'être entraînée dans cette grande aventure. La France plus que toute autre dirigeait son esquif avec une prudence extrême. Une faute pouvait la compromettre et compromettre son avenir. Tous les efforts tendaient à aplanir toute difficulté qui pourrait surgir, lorsque, soudain, le coup de foudre du 16 mai, vint éclater au milieu de ce recueillement !

Le premier mouvement de stupeur passé, il est permis d'envisager la situation que peut prendre le nouveau cabinet vis-à-vis des puissances alarmées de l'Europe.

Je n'ai pas plus l'honneur de connaître M. Jules Simon que M. le duc de Broglie n'a celui de comprendre les aspirations libérales de la France ; mais je sais, et tout le monde a pu se convaincre de ce fait : que le cabinet de ce ministère, ainsi que les ministères libéraux qui l'ont précédé, s'étaient acquis une estime universelle, *officielle,* et qu'il est bon et juste de remettre sous les yeux du public.

Quant à l'accusation portée contre le ministère Jules Simon, Waddington, Say, Martel..... etc., de nourrir et de protéger *les idées subversives, pour le renverser,* le sentiment public en a fait éclatante justice.

C'était vouloir couvrir une manœuvre inqualifiable, d'un prétexte plus inqualifiable encore, c'était accuser d'honnêtes et d'éminents citoyens d'appartenir à cette classe de la société qui porte les stygmates de la réprobation publique ; c'est une insulte gratuite dont le dégoût doit remonter aux auteurs de la calomnie.

Le ministère Simon était donc renversé et remplacé par celui du duc de Broglie.

La politique intérieure d'un pays est tellement solidaire de sa politique extérieure, qu'éloigner M. Jules Simon, c'était évidemment remercier M. le duc Decazes !

Cette solidarité, entre les deux politiques, est tellement vraie, que S. M. le roi Victor-Emmanuel vient d'en donner une preuve éclatante.

Voulant prouver combien l'Italie était sensible aux efforts constants du ministère, pour faire prévaloir en France une politique libérale, S. M. le roi envoie à M. le ministre de l'intérieur, président du conseil, la grand'croix de l'ordre des Saints-Maurice-et-Lazare.

Cette distinction, qui ne serait qu'un acte de courtoisie envers un ministre des affaires étrangères, devient, vis-à-vis de M. Jules Simon, ministre de l'intérieur, d'une signification capitale.

C'était accuser hautement combien la conduite libérale du gouvernement français facilitait la marche progressive de l'Italie.

Jadis, le roi galant-homme, lorsqu'il décora le drapeau du 3° de zouaves, voulut décorer la bravoure du régiment entier!

Remplacer ce ministère, qui venait de recevoir cette marque officielle de la sympathie du roi d'Italie, et le remplacer par MM. de Broglie et de Fourtou, dont les idées anti-libérales et anti-italiennes ne sont un mystère pour personne, est le fait d'une conception politique étroite, pour ne pas me servir d'une expression plus énergique!

Mais, peut-on objecter, puisque M. le duc Decazes reste au ministère des affaires étrangères, nos relations extérieures ne subiront aucune altération!

Un ministre des affaires étrangères n'est pas absolument libre de ses actions : il subit plus ou moins celles du haut cabinet, ses rapports extérieurs lui sont plus ou moins inspirés. Or, la direction des affaires générales de France se trouve entre les mains de M. le duc de Broglie.

Son avénement ayant été salué par le mécontentement général de toutes les cours de l'Europe, tout ce qui aura trait à la politique française extérieure en recevra indubitablement le contre-coup.

Le nouveau ministère le comprit si bien, qu'en suppliant M. le duc Decazes de conserver son portefeuille il accusait plus qu'une faiblesse, il confessait la défiance marquée qu'inspirait sa composition à l'étranger.

M. le duc Decazes, aura beau agir avec la finesse, le tact, la prudence, qui lui ont acquis, à juste titre, le renom d'un diplomate accompli, il ne trouvera plus le même élan de franchise, le même accueil ouvert et spontané des anciens jours. La personnalité de M. le duc de Decazes sera effacée par celle du duc de Broglie.

Cette confiance générale qu'inspirait le cabinet renversé est dénuée de toute exagération.

M. le ministre des affaires étrangères pouvait, avec la satisfaction du devoir accompli et bien accompli, monter à la tribune le 3 novembre 1876 et prononcer avec orgueil, comme aussi avec entière vérité, les paroles suivantes :

. . . .

« Aussitôt que les circonstances le permettront, le gouverne-
» ment s'empressera de placer sous vos yeux les pièces les plus
» importantes de la correspondance diplomatique qu'il a entre-
» tenue depuis près de dix-huit mois sur ces graves questions
» avec l'étranger.

» Vous y trouverez *la preuve que le gouvernement de la Républi-*
» *que* a pris une place estimée dans le concert européén, et qu'il
» y a tenu en toute circonstances un langage conforme à la dignité
» et à l'intérêt du pays, tout en lui réservant pour l'avenir l'en-
» tière liberté de ses relations. »

Le 2 mai 1877, M. le ministre des affaires étrangères monte de
nouveau à la tribune, et voici en quels termes il s'exprime :

. . . .

« En rendant hommage aux dispositions qui animent les cabi-
» nets, nous pouvons ajouter qu'ils ne méconnaissent pas les
» nôtres. *L'Europe n'a pas manqué d'être frappée de la sincérité de*
» *notre attitude et de nos actes, ainsi que de notre volonté persévé-*
» *rante de rester en harmonie avec elle.*

» *Nous en avons reçu l'assurance, et c'est ainsi qu'il nous est per-*
» *de vous dire que, depuis sept ans, nos relations avec tous les États*
» *étrangers n'ont jamais été meilleures qu'aujourd'hui.*

» Cette affirmation acquerra plus de valeur encore à vos yeux
» si vous voulez bien remarquer que les puissances qui nous
» avoisinent, partagent avec nous le privilége de n'être engagées
» dans les événements actuels par aucun intérêt direct. *Leur lan-*
» *gage ne laisse subsister aucun doute ni sur leurs sentiments paci-*
» *fiques, ni sur le prix qu'elles attachent à l'affermissement de leurs*
» *bons rapports avec le gouvernement de la République française.* »

Ainsi donc, le 2 *mai, quatorze jours avant* le coup d'Etat, *l'Eu-*
rope était frappée de notre attitude et de nos actes. Et c'est ce même
gouvernement que l'on renverse !

C'est ce même gouvernement qui *recevait l'assurance que*
depuis sept ans nos relations n'avaient jamais été meilleures, et qu'on
accuse de mener les affaires au point de nécessiter « une haute
responsabilité » à briser avec ce gouvernement !

Ce sont ces ministères libéraux, qui s'étaient acquis cette confiance, cette estime de l'Europe ; ces ministères libéraux, qui
avaient acquis à la France *la place estimée, conforme à la di-*
gnité et l'intérêt du pays, que l'on chasse !

Ces deux déclarations, M. le Maréchal de Mac-Mahon les avait eues sous les yeux, il avait dû en reconnaître la justesse, la vérité. Il avait été forcé de les approuver, de consentir à leur lecture aux Chambres, c'est-à-dire au pays; et c'est *quatorze jours après la lecture de la plus saisissante des deux,* qu'il déclare *ceux* qui avaient mérité ces éloges du monde civilisé, indignes de gouverner la France! Il y a là quelque chose de singulièrement étrange !

Si l'allégation du Maréchal avait le moindre fondement, quant à la politique intérieure de la France, comment explique-t-on cette concurrence acharnée de tous les peuples à venir à l'Exposition de 1878, offerte par cette même République libérale?

Comment l'Angleterre aurait-elle, et cela par la bouche même de S. A. le prince de Galles, demandé, il y a quelques semaines à peine, une place plus considérable pour ses exposants? Mieux encore, le prince royal demandait pour la magnifique collection qu'il avait rapportée des Indes une place réservée?

On n'envoie pas des objets de la valeur et de l'importance de ceux que l'on voit dans les expositions universelles dans un pays qui est en proie à des troubles qui peuvent faire craindre pour la propriété !

On vient dans la capitale d'un pays lorsqu'on y voit flotter le drapeau de la civilisation et non lorsqu'on y voit flotter celui du désordre.

M. le Maréchal de Mac-Mahon s'est hâté de conserver M. le duc Decazes, et il a bien fait. Il s'est hâté de rassurer que l'Exposition ne subirait aucun retard, et il a bien fait encore.

Mais pourquoi se servir des moyens et des personnes d'un parti, si l'on blâme les personnes et les moyens de ce même parti !

Ouvrez le Livre Jaune, page 305, et vous y trouverez la dépêche suivante :

L'ambassadeur de France, à Berlin, au ministère des Affaires étrangères.

« Berlin, 21 janvier 1877.

» Dans la visite de condoléance, que j'ai faite à l'Empereur, » Sa Majesté m'a dit quelques mots de la conférance, et elle a » ajouté : — J'ai été bien content, bien satisfait de l'attitude de » la France. Elle n'a cessé d'être unie à nous, elle est restée fidèle

» à l'entente. — J'ai répondu que j'étais heureux *de la justice*
» que nous rendait l'Empereur ; que la France n'avait pas d'inté-
» rêt de premier ordre dans la question, mais que, désirant ferme-
» ment le maintient de la paix générale, son rôle, à Constanti-
» nople, avait été un rôle de conciliation et de paix. — Comme
» nous, a repris l'Empereur. Et il ajouta : *Nous avons été unis,*
» *la France et nous, et nous resterons ainsi, je l'espère bien.* — J'ai
» répondu que tel était assurément notre désir.

» *Signé* : Gontaut Biron. »

Depuis cette époque, nos relations avec l'Allemagne sont restées dans des termes identiques à ceux exprimés dans cette dépêche, et l'on a pu s'en assurer lors de la polémique engagée à propos du discours de M. de Moltke.

Si la cour de Berlin contient, comme toutes les cours, de petites coteries, et qu'il y en ait une qui soit hostile au grand-chancelier, il ne faut pas s'en étonner.

M. de Bismarck peut se trouver froissé des coups d'épingle constants que cette coterie lui inflige. Il peut bouder parfois, s'éloigner même de temps en temps de la cour ; mais il n'en reste pas moins, et restera quand même, le « *Deus ex machina* » de l'Allemagne.

Ce qui est dit officiellement et officieusement est toujours inspiré par ce puissant génie.

Cet homme a rendu de trop grands services à son pays, il est appelé à lui en rendre encore de trop considérables, pour que l'Empereur et l'Allemagne ne se laissent pas conduire par ses lumières.

De la dépêche citée plus haut, on peut conclure que le prince de Bismarck était animé envers la France des sentiments qui y sont exprimés.

Ainsi donc, depuis un an, les cabinets libéraux s'étaient acquis, des deux pays dont la France avait le plus à craindre les justes susceptibilités, des sentiments d'alliance, plus morale qu'effective, il est vrai, mais des sentiments qui garantissaient au pays un avenir de paix dont il avait tant besoin.

Sans aucun motif, on vient de briser le résultat de tant d'efforts, de patience et d'habileté !

Remplacer M. Jules Simon par M. le duc de Broglie, l'homme

de d'Arnim, est une singulière manière de plaire au grand-chancelier.

Oublier les luttes énergiques de M. de Bismarck contre les ultramontains de l'Allemagne, luttes engagées au lendemain même des grandes victoires remportées sur la France, serait une faute grave.

Pour que le grand-chancelier ait entrepris cette guerre morale intérieure, c'est qu'il en sentait la nécessité. L'ennemi extérieur d'un pays est dangereux, c'est possible, mais il ne peut être comparé à l'ennemi intérieur. Ce dernier ne laisse ni trève, ni répit, il sape, il mine sourdement, lentement ; aucune force ne saurait résister à son travail de taupe. L'ultramontanisme est l'ennemi le plus patient, le plus implacable, le plus persévérant du progrès et de la stabilité d'un peuple. Si tout n'est pas pour lui et par lui, rien ne sera négligé pour qu'il ronge au cœur les pays où on lui laisse prendre pied, c'est un parti qu'il faut écraser sans aucun ménagement, ou s'attendre aux catastrophes les plus accablantes.

En extirpant l'ultramontanisme et le cléricalisme de l'Allemagne, M. de Bismarck a rendu, par ce fait, un service plus éclatant à son pays, que toutes les campagnes heureuses que sa politique lui avaient ménagées.

Écrasez l'infâme, disait Voltaire. S'il y a dans le cri du grand philosophe beaucoup d'exagération, il y a aussi beaucoup de vérité.

De quel œil M. de Bismarck verra-t-il, à ses portes, un cabinet derrière lequel marchent les ultramontains, et à leur tête tous ces prêtres qui peuvent être d'excellents prêtres, mais qui, en agissant comme ils le font, font acte de *mauvais citoyens?*

La composition de ce cabinet, par ses traditions, ses convictions, ses attaches, sera considéré comme une menace, et le grand-chancelier sait répondre aux provocations?

Par les côtés primordiaux qui unissent les peuples : le commerce et l'industrie, la France et l'Angleterre étaient unies.

Cette union allait se resserrer d'une manière définitive par la révision du traité de commerce. Par cette révision, l'obstacle à la fusion des intérêts des deux peuples allait disparaître.

Lequel des réactionnaires du nouveau cabinet traitera-t-il avec les représentants de l'école des Cobden-Bright, ces chefs de la grande école démocratique moderne?

Dans ce grand pays, où l'aristocratie (1) dirige, au lieu d'entraver les idées libérales, où le bon sens semble être la propriété de toutes les classes de la société, rien n'est négligé pour élever les niveaux intellectuels et matériels. M. de Broglie et le parti qu'il représente sauront-ils se targuer de ces sentiments libéraux qui poussent en avant une nation.?

La position géographique de la Grande-Bretagne l'oblige à baser sa prospérité, sa force, son influence politique en Europe, sur la grandeur et l'expansion de son commerce.

Faciliter, sans nuire à celui de la France, le commerce de l'Angleterre, c'est être certain de l'alliance et de l'amitié de cette nation.

La révision du traité de commerce nous assurait cette amitié et cette alliance, le nouveau cabinet peut-il nous garantir que, faisant violence à ses sentiments rétrogrades, il voudra bien entrer dans cette voie conciliatrice et libérale?

La France produit et manufacture de façon à ne craindre aucune concurrence, pas même celle de l'Angleterre, les expériences de 1860 à ce sujet le prouvent.

Lorsque après 1870-71, la France écrasée et mutilée se relevait avec de si pénibles efforts, ses yeux se tournaient aux quatre points de l'Europe, cherchant un appui qui put l'aider à soutenir ses premiers pas chancelants. Il y avait une soif immodérée d'alliance, les plus petits indices, les plus légères traces d'amitié, semblaient des branches de salut auxquelles on croyait devoir s'accrocher à tout prix avec plus de légèreté que de raison peut-être.

La Russie avait singulièrement écorné le traité de Paris au lendemain de nos désastres. Grâce à eux, elle avait pu effacer en partie les témoins de ses défaites de Crimée. D'un autre côté les bruits plus ou moins fondés d'intervention dans ces moments pénibles, avaient circulé, et ces raisons firent croire que la Russie *devait* avoir l'idée d'une alliance avec la France. La France se jeta sur cette idée avec plus d'étourderie que de mesure et de réflexion ; l'alliance Russe devint à la mode.

Les événements d'Orient viennent de démontrer qu'alliance était chose difficile, dangereuse même, et que la France n'avait qu'à conserver une amitié qui lui était acquise, sans poursuivre

(1) Discours de lord Russell. 22 mai 1877.

une idée qui pouvait présenter des dangers. La Russie a plus besoin de nous dans l'avenir que nous n'aurons besoin d'elle. Sa politique l'entraîne fatalement à devenir l'adversaire, dans un temps plus ou moins reculé, de l'Allemagne ; son intérêt veillera à ce que nos forces, qui peuvent, à un moment donné, lui être utiles, ne soient pas affaiblies ; nous, nous n'avons qu'à nous laisser tranquillement vivre, en assurant constamment le profond désir du pays d'être en paix et en bonne harmonie avec tout le monde.

Du reste, s'il prenait fantaisie à une nation de contracter une alliance franchement accusée avec la France, la République française étant, par le fait seul qu'elle est une république, une nation de paix et de concorde, ne pourrait s'y prêter que dans un but de concorde et de paix nettement exprimés.

Il est des gens qui s'évertuent à croire et à répandre la croyance qu'une France réactionnaire nous vaudrait instantanément l'alliance des nations vivant sous des gouvernements monarchiques et aristocratiques.

Ces personnes sont dans une étrange erreur. Une France réactionnaire ne pourrait être qu'une France monarchique ou une France impériale.

Une France impériale a contre elle « *ipso facto* » tous les peuples de l'Europe, sans exception.

Sans remonter au premier Napoléon, dont le nom seul était un épouvantail général, on peut se rendre compte par la politique suivie par le troisième, combien il sut mécontenter tout le monde sans satisfaire personne.

La guerre de Crimée, nous aliénant la Russie.

La guerre d'Italie, l'Autriche.

La guerre de Rome, froissant l'Italie.

La guerre du Mexique, froissant l'Amérique.

La guerre d'Allemagne, nous ayant mis toute la Confédération germanique à dos !

Si, comme il est des gens qui l'assurent, l'Angleterre avait des sympathies pour la France impériale, il est permis de léur demander quelles preuves elle en a donné !

Une France monarchique est une France de rivalités, d'ambition, de prépondérances de familles royales, et l'histoire est là pour ne pas nous faire oublier combien ces rivalités ont été sanglantes et désastreuses !

Les alliances de trônes ne sont pas plus intimes que les alliances de la vie privée, au contraire ; et l'on sait si, dans la vie privée, on peut compter sur elles ?

Le mécontentement général de l'Europe à l'annonce du renversement du cabinet Jules Simon, indique assez clairement combien la forme du nouveau ministère, qui fait supposer des espérances de restauration, la froissait et la troublait.

Le mécontentement, à la vue d'un cabinet réactionnaire s'emparant du pouvoir d'une part, et les assurances de cordialité que les cabinets libéraux n'ont cessé de recevoir de l'Europe, démontrent assez que le régime républicain est le seul qui garantisse à la France la paix et la sécurité.

En examinant l'Europe, nous voyons :

L'Italie, anti-cléricale.

L'Allemagne, protestante.

L'Angleterre, protestante.

Le Danemark, protestant.

La Suède, protestante.

La Norwége, protestante.

La Suisse, protestante.

L'Autriche, moitié protestante, moitié catholique. Cette dernière indifférente au Vatican.

L'Amérique, protestante.

L'Espagne, catholique, mais indifférente.

Je ne crois pas que ce tableau ait besoin de commentaires.

On voit de suite quelles sont les difficultés énormes, on peut dire insurmontables mêmes, que le cabinet *clérical* Broglie-Fourtou vont avoir à surmonter !

La parole ayant été donnée aux cléricaux pour déguiser leurs pensées, ils répandront à l'extérieur les assurances les plus libérales, tandis qu'à l'intérieur la pression clérico-autoritaire a déjà commencé et se continue sans relâche !

Tout se sait aujourd'hui ; et l'étranger en voyant le travail intérieur, acceptera les assurances libérales pour ce qu'elles vaudront.

Des préparatifs sérieux seront faits pour parer à toutes les éventualités que recouvrira une politique aussi peu conforme aux idées européennes !

Le nom seul du nouveau cabinet « cabinet de combat, » doit éclairer le public français, sur la mesure de confiance qu'il inspire.

Quelqu'agaçantes que soient les allures aristocratiques du nouveau ministère, il est douteux qu'il réussisse à gagner les cours aristocratiques de l'Europe, et nous assisterons à de bizarres pourparlers !

Est-ce au nom de la France que vous nous faites de pareilles propositions, demanderont les cours étrangères, ou au nom du gouvernement?

Il sera curieux d'écouter la réponse ! Constitutionnellement ce sera au nom de la France, dans le fait ce ne sera qu'au nom du gouvernement.

Mais cette situation constitutionnellement inconstitutionnelle ne pouvant durer que quelques mois au plus, les gouvernements étrangers se tiendront sur une expectative prudente qui ne sera rien autre qu'une cessation polie de relations.

Cette expectative, si le duc de Broglie parvient à se maintenir au poste de président du conseil, se traduira incontinent par des sentiments d'hostilité si peu déguisée aujourd'hui même, que l'on peut se demander par quel tour d'habileté prodigieuse, le noble duc espère nous ramener les sympathies européennes.

Nous attendons !

La France a vu s'accomplir l'acte du 16 mai avec douleur. Son calme dénote sa force et sa ferme volonté de riposter à cet assaut, légalement illégal, par les seules armes de la légalité.

Aussi l'épée de Damoclès, une fois de plus suspendue sur la tête de la France, saura être écartée par cette sagesse et ce calme, et les applaudissements de l'Europe accueilleront le retour du rameau d'olivier qu'avait su y placer les cabinets libéraux.

Il y a quelques jours la France disait au Maréchal :

Rends-nous des ministres libéraux !

Elle espère n'avoir pas à lui dire :

Nous voulons des ministres libéraux !

Paris, imp. Balitout, Questroy et Cⁱᵉ, 7, rue Baillif

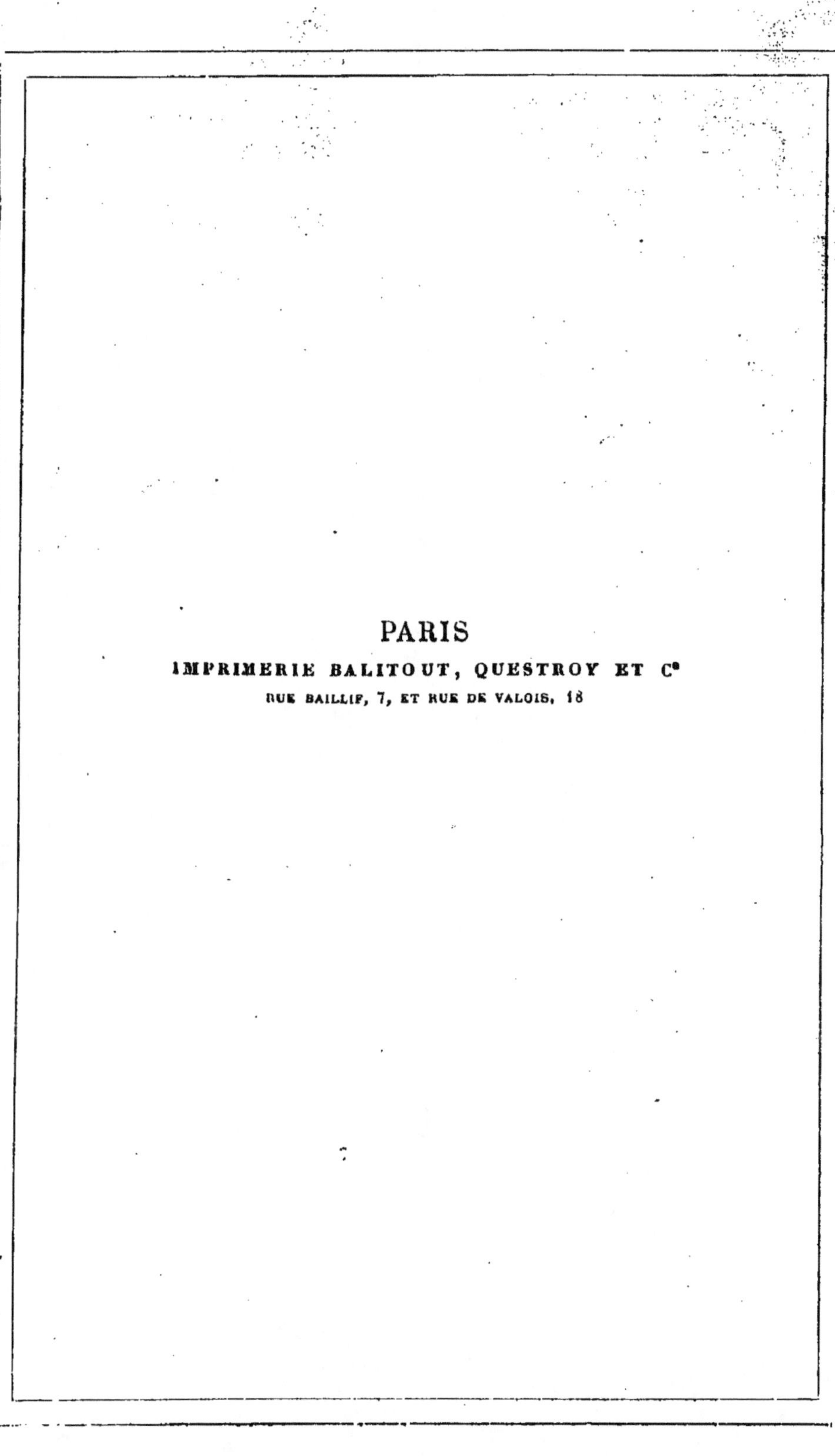

PARIS

IMPRIMERIE BALITOUT, QUESTROY ET C°

RUE BAILLIF, 7, ET RUE DE VALOIS, 18

www.ingramcontent.com/pod-product-compliance
Lightning Source LLC
Chambersburg PA
CBHW051326050726
47595CB00008B/3724